Cartas a Josefa

Diana Cervantes

Cartas a Josefa

©Diana Cervantes

Primera edición. Marzo 2021.

Diseño de portada: Johnny Siller

Edición a cargo de Editorial Winged.

Prefacio

La cultura en México es amplia y vasta. La sociedad mexicana se encarga de perpetuar las tradiciones generación tras generación. Es innegable que la familia de origen es la principal sembradora de cultura en su descendencia; es tan arraigada en nuestro país que, al paso de las generaciones, por más que pasen los años y que la modernidad incida, por más que la tecnología se agregue y por más que la globalización siga nuestros pasos, hay cosas que nunca van a cambiar y vamos a seguir transmitiendo, para bien o para mal.

No me malinterpreten, la cultura mexicana es un orgullo para mí, me jacto de mis raíces y amo ser mexicana; canto el himno nacional con todo el corazón, disfruto de los regionalismos, me encantan los bailes típicos, la comida, nuestras culturas prehispánicas y muchas de las tradiciones más o menos modernas unas que otras.

Pero hay otra cultura que también seguimos transmitiendo como se transmite una enfermedad (y la que más me descompone). Tiene que ver con todo el machismo que profesamos de manera *asintomática*[1]; porque las enfermedades transmisibles son más peligrosas cuando tenemos portadores sin síntomas o diagnósticos *subclínicos*[2].

---

1   Asintomática: enfermedad o infección y que puede ser transmitida sin saber el huésped que la porta.
2   subclínicos. se aplica a la afección no sintomática o al período en que ésta no es manifiesta

Sin ser extremista ni *feminazi*[3], como despectivamente se suele calificar algunas ideas progresistas, me considero una mujer feminista, *progre*[4] y muy muy muy abierta de mente; con valores bien sembrados e identificados y orgullosamente mexicana. Lucho activamente *desde mi trinchera*[5] con acciones. Soy tolerante a todo disentimiento, y lo más importante: soy honesta y congruente.

Quiero invitar a los lectores a no cegarnos a nuestras áreas de oportunidad. Hay mucho que progresar, que cambiar y hay mucho que aceptar o, al menos, tolerar.

---

3   Feminazi: término despectivo que se utiliza para referirse a una persona con pensamientos feministas extremas.

4   Progre: del adjetivo progresista, se utiliza para aludir a personas, ideologías avanzadas o de izquierda.

5   Desde mi trinchera: expresión popular utilizada para expresar cómo se participa en un combate desde mi sitio de defensa.

Observando el paso de La Bestia

Capítulo 0

El Kilómetro 49.

El 11 de diciembre del año de la pandemia COVID decidí venir a visitar el «Kilómetro 49» como le llaman al Poblado Francisco Murguía. De alguna manera conocí este lugar hace diez años, mucho antes de saber que aquí habían vivido mis ancestros su juventud. Es un día muy especial, ya que un día como hoy, pero de hace 101 años, nació mi abuela paterna, Josefa. Me hubiera gustado que celebráramos este maravilloso cumpleaños, pero *se nos adelantó*[6] hace cuatro diciembres.

Antes de que ella falleciera, me contó la historia que narran estas cartas y cómo el destino es embustero.

Mi abuela me contó esta historia que estoy a punto de narrarles, me la imaginé en cada taza de café que compartimos por días en distintas sesiones. La evidencia de la historia estaba plasmada en cartas, las cuales se encontraban guardadas en una caja, pero ella había perdido la noción del lugar preciso en el que se encontraban.

A un par de años de su partida, pregunté a sus hijos por esos recuerdos, pero nadie sabía, además de mí, de la existencia de aquellas que parecían una leyenda. Finalmente mi padre dio con ellas entre escombros de recuerdos almacenados en un *clóset*[7]. Me di a la tarea de transcribirlas y algunas

---

6   Se nos adelantó: expresión coloquial que se utiliza en México para referirse a la muerte.
7   Clóset: armario.

hasta parecía que las traducía por el tipo de letra cursiva, por las muchas faltas de ortografía y expresiones en desuso.

En la ciudad más al norte de la República Mexicana yace un valle en medio del desierto, por donde aún «La Bestia» recorre las vías del ferrocarril; es un tren hosco, que solía ser de pasajeros y cuyo objetivo era comunicar a la península de Baja California con el resto del país, ahora solo es de carga. No siempre fue llamado así, cuando se inauguró fue «La Paloma» por su color blanco, después se modernizó y se convirtió en «La Bala» por su eficiente velocidad. En sus 25 estaciones, además de pasajeros, dejaba una derrama económica en su trayecto. Así fue durante 30 años.

La estación del kilómetro 49 tenía como todas las demás, puestos de *taqueros*[8] que ofrecían no solo los típicos de carne asada, además otros platillos tradicionales mexicanos como pozole, gallina pinta, menudo, tamales y champurrado.

Ahora solo voy a ver vacas, tierra y las hectáreas de vegetales de temporada que se exportan con excelente calidad, mientras las manos que los siembran, cuidan, cosechan y empacan solo se merecen los que no pasan los controles de calidad *gabachos*[9].

De vez en cuando me gusta ir a *dar la vuelta*[10]; a recordar el año en el que viví ahí sin conocer los lazos del pasado que me unían a esta tierra, y a veces a recordar lo que no viví en carne propia, pero fue contado por mi abuela.

---

8   Taqueros: persona que vende tacos.
9   Gabacho: en México se utiliza como despectivo cuando algo proviene de Estados Unidos de América.
10   Dar la vuelta: salir de paseo.

A 45 minutos de mi actual casa, puedo tomar la ruta al «Murguía», como llaman los pobladores locales al kilómetro 49, transitando la carretera a *San Felipe*[11]. Cuando no hay pandemia está llena de vacacionistas, cargando motos, bicicletas, campers, hieleras. *Los Cachanillas*[12] somos amantes de tomar esa carretera a nuestra playa más cercana para comer pescado, almejas y otros mariscos del puerto o meter los pies al agua cálida del Mar de Cortés, acampar en la playa o *pistear*[13], escuchando el mar y viendo las estrellas.

Si vas por la carretera desde Mexicali, llama la atención que te encuentres algunas florerías en medio de la nada, eso es porque a los alrededores, en medio del árido paisaje, están los panteones de cada poblado, donde nunca falta algún muerto para recordar. Mientras la recorres por primera vez, puedes tener la percepción de tristes casas, parques secos, tiendas de rancho, niños descalzos y pensar «¡qué feo habitar aquí!», sin embargo, después de vivir la experiencia, te enamoras de esa vida rural.

Mientras manejo, canto y admiro la belleza de nuestros paisajes secos: montañas salitrosas, sin una esperanza de vida vegetal que pueda nacer de sus tierras, bañadas de nuestro característico sol mexicalense que no perdona su calor, aunque estemos en el mes más frío. Del otro lado de la carretera; el desierto, la gran nada, pedazos llenos de terca

---

11 San Felipe: ciudad portuaria, ubicada en el Mar de Cortés en la península de Baja California al Sur del Valle de Mexicali.
12 Cachanilla: gentilicio utilizado para las personas nacidas en Mexicali, tomado de la abundancia de una planta silvestre abundante en el desierto de Baja California.
13 Pistear: acto de beber hasta emborracharse.

vegetación aferrada al salitre. Y al fondo, el *Cerro Prieto[14]*, en donde se encuentra la planta geotérmica que produce luz para Mexicali y sus alrededores, incluyendo la que le vendemos a nuestros vecinos *gringos[15]*, que por cierto tienen tarifas más baratas que nosotros, siendo que nosotros somos los que las vendemos (je, je, je) me da risa este sistema de *La ley de Herodes[16]*, con este característico humor mexicano en donde nos da gracia nuestra propia adversidad.

Cuando manejo en la carretera, paso tiempo conmigo misma y mi cabezota que no deja de pensar. Recuerdo mi primera mala impresión cuando me vine a vivir aquí en el servicio social de la carrera de Medicina.

A nivel del *Cerro Prieto[13]* sigue fuerte la señal de radio. En el kilómetro 35 de norte a sur me alcanzan las montañas secas y tres kilómetros más adelante mi retorno, donde ahora hay un puente, cambio la dirección, voy de oeste a este. Es un alivio, ya que el sol del mediodía en el invierno pega por el sur (cosas que se aprenden de madre arquitecto) y me daba de frente, ahora da del lado del copiloto. La carretera ahora es de dos carriles, no tiene acotamiento, pero sí adecuado señalamiento (cosas que se aprenden de padre ingeniero civil), es bueno al recorrerla de noche. A los costados hay sembradíos con distintos tonos de verde, unos apenas

---

14   Cerro Prieto: Volcán inactivo ubicado a 30 kilómetros al sur de la Cuidad Mexicali, Baja California.

15   Gringos: termino coloquial que se refiere a los habitantes de Estados Unidos de América.

16   La Ley de Herodes: refrán que se refiere a que debes de hacer algo que no quieres, pero te obligan a hacerlo y lo debes hacer por el bien propio. «¡Te tocó la Ley de Herodes, o te chingas o te jodes».

creciendo. Me recuerda a la canción *El Cachanilla*[17]: «mi tierra es una esmeralda siempre bañada de sol». No tengo idea de qué estará sembrado. Qué increíble cómo los campesinos de estas zonas y los pioneros se aferraron a hacer fértiles estas tierras áridas, salitrosas y calientes.

Al pasar por el ejido Durango, ya van treinta minutos de carretera; después, continuando con la letra del *corrido*[18] el letrero de «*Bienvenido a la Gran Colonia Carranza*», ahora 45 minutos de carretera. Después la intersección que lleva a la *"Ciudad Guadalupe Victoria"* (lo más civilizado que me encontraré en kilómetros a la redonda, aunque diga así su nombre no es una ciudad, solo es un ejido más grande). Derecho, dos kilómetros más adelante, llegué; se encuentra «El Murguía» o «El 49».

Late fuerte mi corazón, estoy sudando, hasta se me quitó el frío. Hay casas muy feas de adobe con ampliaciones de cartón y cobijas, pero vecinas de otras, con unos contrastes modernos de block, con emplaste y acabados finos y muy lindos. La señal de radio continúa fuerte, veo la *Junta de Mejoras*[19], pintada con anuncios de «*Cerveza Tecate*», claro que no puede faltar (después de ver como diez en el camino). Doy vuelta por la única calle pavimentada y visualizo que parece que el tiempo no pasa.

---

17   Canción el Cachanilla: del compositor mexicano Antonio Valdéz Herrera, publicada en 1963.

18   Corrido: género musical mexicano, trata de narrativa popular concebida para ser cantada, y bailada.

19   Junta de Mejoras: en teoría son organismos autónomos representativos de los intereses de la comunidad, se encargan de fomentar programas y acciones que les permitan la obtención de ingresos aplicables para obras y servicios para el mejoramiento moral, cívico y material de la comunidad. Pero en la realidad parecen más bares rurales.

Junta de Mejoras

Valle de Mexicali

Capítulo I

Corría la segunda mitad del año de 1942 mientras los ojos del mundo estaban enfocados en la terrible Segunda Guerra Mundial. La economía de los países involucrados se dedicaba a alimentar los deseos punitivos de sus líderes. El Cine de Oro Mexicano encontró su oportunidad naciendo en medio de los deseos de los directores y actores de destacar sobre el cine de otros países y del deseo de los espectadores de ver algo más que la distopía del contexto.

En esa época, el romance mexicano era un perfecto antónimo que hacía que las personas de todas las edades soñaran con el amor idealizado de aquellas películas en blanco y negro. Actores, cantantes, autores, compositores, bellos rostros de hombres y mujeres con melodiosas voces permitían olvidar penurias.

Entonces José tenía 22 años, era ectomorfo y lánguido, con frente amplia que dejaba en manifiesto su futura calvicie, pelo fino y lacio color oscuro, con piel clara mas no muy pálido. Destacaba por ser alto, sin embargo, no contaba con muchas habilidades sociales. Le daba seguridad utilizar un bigote al estilo de Luis Aguilar. Era un hijo faldilludo, no muy astuto, se dedicaba al comercio informal junto con su madre, económicamente se encontraban por encima del promedio de las familias de las que se rodeaban. Su negocio consistía en vender artículos de primera necesidad al triple de su valor, aprovechando la distancia lejana que se debía recorrer para encontrar competencia.

Pero como todo joven, con su ingenua e inofensiva manera de mistificar la provincia y la vida rural, José tenía aspiraciones: deseaba encontrar el amor y formar una familia. Le inspiraban las películas de su época, vestía pantalones holgados con pinzas, camisas de botones, botines de cuero y, como se acostumbraba, sombrero. Era originario de Jalisco, por lo que su madre no dejaba de repetirle que provenían de otro nivel social aunque nadie sabe por qué terminaron en el norte. Trataba de integrarse a la vida sin mucho éxito.

El kilómetro 49 de las vías del tren en el Valle de Mexicali, hoy Poblado Francisco Murguía, tenía una estación en donde se había desarrollado un pequeño asentamiento humano, el cual aparentaba prosperidad, aunque nunca pasó de ser un pueblito de más de 750 personas. Ubicado a 60 km de una ciudad que tenía menos de 40 años de fundada, prometían ser fértiles tierras de ilusiones para las generaciones venideras.

En un festejo de *Fiestas Patrias*[20], un 15 de septiembre, los habitantes de la zona organizaron un baile, aprovechando que los peores días de verano ya habían alejado su calor infernal característico de la zona. Los antojitos mexicanos, la música típica y la polvareda amenizaban a los asistentes. Estaba lleno de familias, en donde, con sus mejores galas, salían a mostrarse. Claro que era la oportunidad perfecta para que los jóvenes conocieran *festejantes*[21].

Era común que los caballeros en sus veintes cortejaran a las jovencitas de menos edad, no era fácil encontrar soltera

20   Fiestas Patrias: festejo en conmemoración del inicio a la Independencia de México celebrado año con año el 15 de Septiembre.
21   Festejantes: pretendientes.

a una mujer de más de 16 años, y las que llegaban a los 20 sin compromiso, ya estaban casi para *vestir santos*[22]. El género masculino se hacía laboralmente activo alrededor de los 12 años, dedicándose la mayoría de ellos al campo, se formaban prietos, fuertes, vigorosos, tragones, que se levantaban a las tres de la mañana para ganarle a las peores horas de sol y se dormían al mismo tiempo que las gallinas para juntar fuerzas para la siguiente jornada. Entre los doce y sus veintes eran demasiado ingenuos para ganarse el amor de una damita, y a las de su edad les parecían poco atractivos. Las señoritas en edades tempranas se convertían en madres y amas de casa de tiempo completo, casi siempre alrededor de 10 años más jóvenes que sus maridos, educadas para parir un chamaco tras otro, año con año. Eran tradición los casamientos, y por lo menos las leyes de Dios debían ampararlos bajo el régimen católico. Se celebraban bodas a las que asistía todo el pueblo, *se echaba la casa por la ventana*[23] e inevitablemente tenía que haber algún pleito de borrachos.

En el festejo del 15 de Septiembre de 1942, José se escabulló de su madre para atender el huateque. Caminó sigiloso hacia la plaza, con sentimiento de culpa pues su madre le decía que no debía mezclarse con la gente del pueblo; en primer lugar, porque no lo merecían, y en segundo lugar porque no era bueno llevarse tan cercanamente con los

---

22   Vestir santos: expresión que hace referencia a que una mujer no encuentra pareja y se va a quedar soltera toda la vida.
23   Echar la casa por la ventana: frase de uso coloquial que expresa cuando alguien derrocha o gasta dinero sin control ni medida.

clientes. Vulgarmente le decía que «*no se caga donde se come*[24]».
José no acostumbraba a desacreditar su palabra, menos
con actos. Tenía una voluntad reprimida por su madre, lo
había convertido en un hombre tímido, que tartamudeaba
al ponerse nervioso, a veces tartamudeaba hasta en el
pensamiento cuando se imponía su progenitora.

José había llegado hasta la plaza donde la música de banda
sonaba hermosamente. Se paró con sus zapatos enterregados
a lado del bombo para sentir la deliciosa vibración de sus on-
das sonoras en su pecho. Disfrutaba el perfecto clima, la música y la ausencia de su madre, hasta que su tranquilidad se vio
interrumpida por el movimiento de una falda azul cielo a los
tobillos de una señorita madurita que marchaba del brazo de
un joven llamado Antonio, quien más tarde se convertiría en
un gran compositor, cuyas canciones serían interpretadas por
Vicente Fernández, Lola Beltrán, Flor Silvestre, Chayito Val-
dez, entre otros. Antonio no era amigo de José, pero lo había
conocido en la tienda, estaría ahí de vacaciones con sus padres
ya que Antonio estudiaba música en la Ciudad de México.

Pero ¿quién sería aquella hermosa señorita que estaba
del brazo de Antonio? Por un momento se imaginó José
siendo él quien la llevaba al lado. Era una linda veinteañera,
vestida de un azul claro, en una prenda que habría sido con-
feccionada a la perfección por su propia madre. Destacaba
por ser de piel clara, sin las típicas marcas del *paño*[25] que dan

---

24   No se caga donde se come: dicho popular vulgar donde se esta-
blece que debe cuidarse el puesto donde uno trabaja.
25   Paño: afectación en la piel en forma de mancha oscura que
generalmente aparece en la cara.

los embarazos, con el cabello rizado discretamente en las puntas, color castaño seductoramente suelto por debajo del hombro. ¿Habría llevado Antonio compañía desde la gran ciudad? ¡Cuánto quisiera él tener esa misma suerte! Pero no se sentía tan atractivo, ni tan interesante, ni tan privilegiado con dones como la música. Ni siquiera había terminado la educación básica, lo cual era común en esos tiempos y más de lo que aspiraban las personas de esa zona.

Antonio pasó al lado de José, y este no pudo disimular, así que fue atrapado por la mirada de ella, la señorita, quien tímidamente le sonrió. ¿Acaso sería una ilusión? ¿Acaso sería su día de suerte? Nunca se imaginó que esas hormonas y *neurotransmisores*[26] le cambiarían la vida ese día; lo envalentonaron y sintió que despertó algo en su cerebro y no dudamos que también algo en su pantalón. Tenía que saber quién era esa muchacha de cabello perfecto, pequeña cintura y talla corta pero muy bien proporcionada.

José se encontraba boquiabierto, absorto, alucinando, cuando fue interrumpido por La Chona: una mujer alrededor de sus 30, madre de 3 chiquillos, en su último parto casi perdió la vida por una hemorragia por preeclampsia, se vio tan mala y se consumió tanto, que no pudo cumplir por un largo tiempo los deseos carnales de su marido, el cual se vio obligado a ceder a los encantos de una mujer mucho más joven. La Chona se había quedado sola con sus hijos, tuvo que ingeniárselas para mantenerlos y trabajaba como empleada doméstica de la familia Flores.

---

26   Neurotransmisores: sustancias químicas que se encargan de la transmisión de las señales desde una neurona a otra.

Se acercó La Chona con una sonrisa burlona a la cara de José.

—¿Qué pasa, mi Pepe, vio algo? —dijo mientras buscaba coquetamente obtener información.

—Chona, ¿sabes tú quién acompaña a Antonio? —le preguntó con cara de ingenuo.

—¡Claro! —respondió ella de manera intrigosa—. ¿Qué me gano si te digo?

José volteó a verla, dubitativo, no podía perder la oportunidad. Si alguien en el pueblo se enteraba de todo, era La Chona.

—Te consigo extender tu prórroga en la tienda de mi madre y un descuento en tu próxima compra —contestó José listo para cerrar un trato.

La Chona amplió su sonrisa dejando entrever sus perfectos dientes color marfil, esa sonrisa coquetona conseguía muchos beneficios a menudo. Ella era muy perspicaz, atenta a su entorno, lista, por lo que se le facilitaba la vida gracias a su astucia.

—Es hija de mis patrones —vaciló en su lugar—. ¿Por qué tanta curiosidad, José?

José sacudió la cabeza, frunció el ceño y miró fijamente a La Chona.

—¿Es hermana de Antonio? Nunca ha ido a la tienda ¿Cómo nunca la había visto antes?

Los Flores era una familia que no sucumbía a las terribles garras de la madre de José. Era una de las pocas familias que contaban con un vehículo motorizado y hacían sus compras en la ciudad cada semana cuando iban de visita. Tenían relativamente poco que habían llegado a esta zona árida, extrañaban mucho las playas de la Baja Sur, en donde a pesar de haber desierto, bastaba dar una vuelta de 180 grados para encontrarse con el contraste de azul celeste. Sin embargo, la Baja Sur tenía muchas carencias y lo que más escaseaba era el trabajo bien remunerado. Decidieron seguir a otros Flores y a Los Camacho en la aventura cerca de la frontera, no se equivocaron al pensar que era joven, pero próspera atmósfera para el desarrollo económico de sus familias. Sin embargo, la madre de Antonio sufría mucho los meses de julio y agosto. Esos meses habían sido responsables de que esa zona creciera lentamente en comparación con otras del país, ya que no todos los migrantes estaban listos para el calor seco que las varas de cachanilla con adobe no alcanzan a disipar.

—Chona, dime su nombre, dime si tiene amor, dime ¿dónde estaba esta joya de pequeños ojos marrón? —suplicó José.

La Chona supo que su interés era genuino. José nunca se había involucrado sentimentalmente con nadie en el pueblo ni en ninguna parte, nunca había demostrado interés siquiera, las enseñanzas de su madre no le habían permitido sentirse digno. Pero por vez primera se erizaron los vellos de sus brazos en verano y sudó frío, sin quitarle la vista de encima a la Chona, su mirada presionaba la urgencia de una respuesta.

—Esa es una niña grande, José, sus papás no la han dejado crecer. Es la última hija que les queda en la casa, es tan consentida que dice que no le interesa tener *quedante²⁷* ni casarse nunca. Es tan mimada por su padre, que pareciera que él quisiera la desgracia de tenerla solterona. Ya tiene 22 años. Es muy aburrida, José, no aspires a ella, nunca te hará caso. Mejor, si solo quieres divertirte, yo te hago unos favores a cambio de otros —propuso mientras guiñaba, *coqueta²⁸*, su ojo derecho.

José ni siquiera prestó atención a las indecorosas propuestas de La Chona. Solo podía pensar en cuán identificado se sentía con aquella señorita. Creía que los años los habían aguardado para destinarlos a estar juntos. Aún no había cruzado palabra con ella y ya tenían tanto en común, definitivamente tenía que conocerla. En aquellos tiempos, la tradición era empezar el cortejo con cartas, además, José no estaba tan empoderado como para hablarle cara a cara.

—Dime su nombre. Pregúntale que si me recibiría una carta. ¡*Hazme el paro²⁹*, Chona!, y te doy dos pesos por su respuesta.

—A ver —le contestó La Chona—. Un peso por su nombre, dos pesos por la respuesta y un peso más por guardar el secreto. —Cuatro pesos exigía la condenada, equivalente a un día de trabajo.

José entendía la estafa, pero qué serían cuatro pesos para él en comparación con lo que la vida le tendría preparado. O al menos sus ilusiones lo llevarían a concluir que era una buena inversión por conocer al amor de su vida. Estaba se-

---

27   Quedante: novio o pretendiente.
28   Coqueta: persona que hace todo lo que está a su alcance para lucir más atractiva.
29   Hacer el paro: cuando alguien concede un favor a otra persona.

guro que aquella muchachita mimada sería de él. Así conoció por fin su nombre: «Josefa».

No podría ser más cursi el destino: «José y Josefa». Dos solteros del mismo año de nacimiento 1919, hasta en el año se había repetido el número en pareja. ¿Qué más señales que esas? Hijos de buen hogar, últimos solteros de la casa mimados por sus padres, con belleza coordinada. En su mente imaginó una foto de ellos y se miraban perfectos. Decorosos uno para el otro. Qué hado tan sinuoso que los consagra en este día. ¡Y lo que falta, y lo que viene!

La Chona se alejó feliz con sus cuatro pesos a buscar de quién más podría sacar algo de ventaja. José permaneció un rato más contemplando a Josefa de lejos. La chica permaneció ajena el resto de la fiesta.

Honorato y Juana.
Jóvenes festejantes típicos de Mexicali años 40

Capítulo 11

La madre de José era muy perspicaz, observaba que él no era el mismo de siempre desde el día que se le escapó a las *Fiestas Patrias*[30]. Tenía una especie de complejo de relación tóxica con su hijo, en donde ella era totalmente controladora, lo infantilizaba para que no pudiera tomar decisiones propias y siempre dependiera de ella y, a su vez, lo hacía sentir responsable del bienestar de ella, solicitándole auxilio en labores que ella podía desempeñar perfectamente, para que él sintiera que ella lo necesitaba.

Todo era una manera de castigar al padre de José, quien ella consideraba el mayor error de su vida, por ser un hombre de poco carácter que no pudo ostentarle lujos ni la vida que ella se creía merecedora. Desplazaba el papel del hombre de la casa tomando ella las riendas y poniéndoles el nombre de José. Era una guerra eterna en la que su esposo no se encontraba interesado en participar. Él continuaba ahí por costumbre, estaba castrado emocionalmente, se ahogaba en un alcoholismo pasivo, de esos que no dañan más que a su propio hígado.

José pasó varios días antes de tener respuesta de La Chona, soñando despierto, imaginando qué sería de su futuro con Josefa. Elaborando en su mente la redacción de su primer carta de amor. Pendejeando en el trabajo, se equivocaba

---

30   Fiestas Patrias: festejo en conmemoración del inicio a la Independencia de México celebrado año con año el 15 de Septiembre.

por su distracción en el cambio y en las notas de crédito. Y su madre solo observaba, no quería dar paso en falso, debía esperar una señal clara de lo que pasaba antes de pensar en su táctica de ataque.

Corral de vacas km 49

Capítulo III

La Chona llegó a trabajar, como era usual, a la casa de los Flores Camacho. Lavaba, planchaba, limpiaba los pisos y las ventanas. En lo único en lo que no participaba era en la preparación de los sagrados alimentos.

A la señora Camacho le gustaba ser ella misma quien guardara las más estrictas normas de higiene y elección de ingredientes de calidad para su familia. Josefa ayudaba a su madre en la cocina, platicaba largas horas tomando café soluble con su padre, pero a lo que más le dedicaba tiempo era a las hermosas aves exóticas y de corral. Era amante de las aves; le gustaba su canto y mirar sus plumajes, le encantaba degustar huevos de diferentes clases de aves y ver cómo cuidaban a sus crías. Le despertaba su instinto maternal. Deseaba que estuvieran cómodas, les construía junto con su padre grandes jaulas para que pudieran volar. Les cantaba, chiflaba y a los cotorros les enseñaba a decir frases graciosas. La visita se asustaba cuando escuchaban una voz aguda preguntar: «Chiquitito, ¿quieres café?», la cual era pronunciada por el cotorro más grande de plumas vedes.

Sus padres la amaban mucho. No parecía preocuparles que los años pasaran y ella no hacía por interesarse en encontrar una pareja; a ella no le preocupaba. No era muy sociable, no salía de casa, pensaba que ahí tenía todo lo que necesitaba. Además, las mujeres de su edad por lo menos ya tenían tres hijos, así que no eran muy afines como para entablar conversaciones. En sus tiempos libres leía novelas cortas y cuentos, le gustaba Oscar Wilde.

La Chona no cruzaba palabra con Josefa, le chocaba la niña mimada. Tal vez en su interior tenía un poco de celos de la fortuna de su tranquila vida. Sin embargo, ese día se acercó a ella mientras platicaba con una cacatúa.

—Hola, Josefa. Te vi en las fiestas patrias con Antonio —le dijo La Chona. Josefa volteó extrañada, mientras su mano delicadamente se recargaba en la jaula del ave. La Chona continuó, tratando de hilar su mensaje—. Despertaste la curiosidad de un joven quien preguntó tu nombre. —Josefa cambió su cara, mostrando rasgos de ansiedad por el tema y volteó de nuevo a ver las plumas del ave, fingiendo que su interés había vuelto a la jaula, sin mencionar palabra alguna. La Chona continuó—: Me preguntó que si serías tan amable de recibirle una carta… —Su tono, al término de esta frase final, fue de suspenso.

Josefa, quien no estaba interesada en salir del confort de su casa, ni de aventurarse a conocer hombres y de repetir las trágicas historias de sus hermanas y primas con maridos *pegones*[31], machismo abundante, hijos como producción en serie, mujeres desgastadas, pobreza, vida de ama de casa, sosiego; volteó hasta fijarse en la mirada de La Chona, con una expresión severa, destacando su carácter fuerte (el cual generalmente estaba oculto) y contestó:

31   Pegones: que golpean a sus esposas.

—No me encuentro interesada, no sigas. Si tan interesada te encuentras tú, recíbele las cartas. —Y se retiró de la escena, no sin antes asegurar la puerta de la cacatúa. Sin darse cuenta, sembró una idea en La Chona.

La sombra del Valle de Mexicali

Capítulo IV

Los padres de Josefa sí estaban preocupados, pero no se lo decían a ella, solo lo platicaban como pareja. La madre, explícitamente, externaba su desazón; su padre, aunque opinaba lo mismo, tenía sentimientos encontrados. El motivo era el desgane de Josefa por formar una nueva familia. Pero su alcahuete padre, ante el temor al nido vacío, no le daba vueltas al asunto, y cuando su esposa lo traía a colación, él se encargaba de zanjar el tema. Finalmente ante la sociedad y ante la familia, simplemente se hacían de la vista gorda.

Josefa estaba embargada por el miedo: tenía miedo a dejar a sus padres y a tener responsabilidades de mujer adulta, miedo a la sexualidad, que era un tema que nadie abordaba abiertamente, miedo a cuando *los hombres usan a las esposas*[32], miedo a embarazarse sin quererlo y a criar hijos, a que el marido no sea bueno, miedo a todo; pero esos miedos no eran un tema de conversación en aquellos tiempos.

Todo lo que fundaban sus temores era intuición después de ver ojos morados en algunas mujeres que seguido decían caerse y luego ver que la mayoría de los hombres pueden ser responsables con sus obligaciones familiares, pero aun así andar de *picaflor*[33] saliendo de las juntas de mejoras y cantinas bien acompañados, después de ver a las mujeres llenarse

---

32   Los hombres usan a las esposas: expresión utilizada para designar las relaciones sexuales entre parejas heterosexuales con o sin el consentimiento de la mujer.

33   Picaflor: hombre enamoradizo y galanteador.

de hijos año con año y cómo algunas no eran respetadas ni los cuarenta días del puerperio, después de ver cómo las joviales y alegres caras de sus amigas, hermanas y vecinas se avejentaban y apagaban sus sonrisas para enrolarse en una esclavitud impuesta.

Josefa no quería siquiera pensar en un hombre. Lo que ella no sabía es que a algunas mujeres las atropella la costumbre, pero otras se ven atropelladas por el amor. El amor embelesa la razón, el amor despierta hormonas, neurotransmisores y hace que los nunca jamás se conviertan en tal vez o en un sí, o más de un sí. Pero pocos son los afortunados que viven el amor de verdad, el amor idealizado en novelas románticas, en películas, en poemas y en sueños. En esos tiempos no sabía Josefa qué era lo que la iba a atropellar, como «La Bestia» se lleva cada año las piernas de los migrantes.

Puente sobre canal de riego
Poblado Francisco Murguía

Capítulo V

La Chona hizo lo suyo. Pensó en que si José le mandaba cartas a Josefa, él le daría a La Chona un pago por cada envío. Eso era muy conveniente, un trabajo que parecía un poco ventajoso, pero lo consideraba al final honrado; aunque no era una cualidad muy propia de ella. Así que, ante la tradición y la negativa, ideó que al recibir Josefa la primera carta de José, no tendría más remedio que contestarla, para bien o para mal de José. Sería de muy mal gusto y mal visto no contestar una carta, así como grosero, y hasta afectaría las relaciones entre las familias.

Una tarde, La Chona cruzó por debajo de la ruidosa puerta de la tienda de la mamá de José, no pudo pasar desapercibida después del ruidito de las diez campanitas que colgaban del dintel. José, quien estaba soñando despierto con sus codos sobre el mostrador y su rostro marcado por los largos minutos de sus nudillos recargados en las mejillas, se levantó de un sobresalto, volteando para todos lados verificaba que no se encontrara cerca su madre. Con voz quedita se dirigió a La Chona:

—¡Hola, Chona! ¿Qué te dijo la Señorita Josefa? —La miraba fijamente, ansioso y con cara de tonto, con los ojos bien abiertos y la sonrisa de oreja a oreja.

—Pues estás de muy buena suerte, mi querido José —mintió la Chona—. Josefa se encuentra emocionada de recibir una cartita tuya.

José no dudó ni un segundo en buscar bajo el mostrador un pequeño paquete de 30 hojas color marfil muy elegante, con un adorno en la orilla de color guinda. Rápidamente escribió las primeras palabras que se le vinieron a la mente. No era muy elocuente, ni siquiera era muy culto o muy letrado, por lo menos quiso verse romántico, sencillo, quiso conquistarla; hizo lo que pudo. Dobló la carta y fabricó un sobre con otra hoja. Entusiasmado se la dio a La Chona, quien con una mano estirada recibió la cartita y con la otra esperaba sus dos pesitos.

José vio extrañado la mano vacía de La Chona y después de unos milisegundos recordó la promesa de unas monedas, las cuales tomó de la cajita registradora e, ilusionado, esperó para tener una respuesta.

La Chona salió de la tienda contenta por haber logrado su cometido, no sin antes titilar las campanitas. Ahora solo tenía que conseguir que Josefa diera respuesta y así ganarse una *lanita*[34]. Caminó rápidamente a su humilde *morada*[35] con la cartita en la mano. La colocó en su recámara a un lado de la lámpara de petróleo. No sabía La Chona lo que se iba a desencadenar gracias a esta cartita. Desconocía los alcances de su avaricia, parecía inocente dar empuje a una historietita de amor entre dos jóvenes. Nunca sabemos cómo cada pieza que se mueve en el universo tiene un efecto en las demás. Se nos olvida que somos engranes en una gran maquinaria llamada destino que no se detiene. Hasta el acto

---

34   Lanita: diminutivo de lana, significa dinero.
35   Morada: Lugar donde se reside.

más insignificante traza rutas en la ventura de nosotros y las personas que nos rodean.

En la noche que la Chona se acostó a dormir, antes de apagar la luz de su antigua lámpara, herencia de tres generaciones, vio la carta de José. En un pensamiento casi igual de inocuo que sus actos, decidió tomarla en sus manos para ver el sobre. Este tenía una leyenda en letra cursiva, tal como era la manera en la que se estilaba escribir en aquellos tiempos, le costó un poco de trabajo entender la letra de José, pero con el contexto fue entendiendo lo que decía:

«En manos de una joven a quien yo adoro hasta la muerte».

Rio con una sola carcajada, pero en su interior siguió burlándose de lo apasionado que era este joven. Cómo se notaba la falta de experiencia, qué inocente era José de creer que iba a conquistar un desconocido a una señorita de familia. No dudó en abrir la carta para seguir conociendo al cursi[36] José de la tienda de misceláneos.

26 de Septiembre de 1942

Mi adorable Señorita:
Escribo estos cuantos renglones para saludarla y para decirle lo que yo pendo de usted.
Señorita, no se imagina las ganas que tengo

---

36   Cursi: que pretende ser fino, elegante y distinguido y resulta ser ridículo de mal gusto o pretencioso.

de que nos podamos ver, como yo la vi. Perdóneme, pero yo la he observado antes de que usted supiera de mi existencia. Este pasado 15 de septiembre no pude evitar quitarle mis ojos de encima, desde que llegó a la plaza del brazo de su hermano Antonio.

Tal vez no lo recuerde, pero nuestras miradas se cruzaron; desde ese día para acá, los días los he comparado con años. Desde el momento que su sonrisa se despidió de mí, he andado con una desesperación que quisiera estar en compañía suya, para estarla mirando y decirle todo lo que yo tengo deseos de platicarle y manifestarle todo mi cariño y lo mucho que la he querido desde hace tiempo, inclusive desde antes de conocerla. Yo soñaba con el amor sin saber que era usted quien yo añoraba.

Señorita, quiero que me haga favor, si me tiene cariño y voluntad, me regale un retrato de los suyos y me lo mande con la contestación de esta carta. Quiero que me haga favor de disculparme mucho lo mal anotado de esta carta y por no saber expresarme ante su persona.

En cuanto le ame, quien usted ya sabe.

José Cervantes Gómez

Pero qué tesoro tenía La Chona en sus manos, el tierno corazón de un corderito que brincaba cándido al precipicio. No podía esperar ver la cara que pondría Josefa al recibir tal texto.

Inocentes aves

Capítulo VI

Al día siguiente, ávida La Chona buscó a Josefa. Quiso encontrarla sola en algún lugar de la casa y que no se enterasen sus padres de que ella era intermediaria de arcano mensaje. Sigilosa se movió por todos lados sin encontrarla, decepcionada se enfocó en sus quehaceres, empezó a hacer planes con los pesitos extras de cada vueltecita en respuesta a las cartas. Se emocionó de pensar que ese caidito extra le permitiría hacer un *guardadito*[37]. Estaba tejiendo castillos en el aire, cuando oyó la puerta principal y las voces de Josefa y su madre. A partir de ahí empezó su cacería.

Josefa, tranquilamente, entró por la casa, saludó de lejos a La Chona y caminó al patio donde se encontraban sus aves, para saludarlas. Mientras, La Chona cambiaba de actividad para seguir vigilando a Josefa en sus pasos y poderla cachar sola. La señorita continuaba su travesía por la casa, fue a su habitación, salió por la puerta trasera, se detuvo a saludar a su padre. Y la Chona seguía, tratando de encontrar la oportunidad de aislarla en algún rincón y contarle lo de la carta. Josefa entró a la cocina a curiosear en las ollas, pues la caminata con su madre había abierto su apetito; fue donde la mujer encontró el momento justo para abordarla.

—¡Señorita! —inició La Chona en un tono sospechoso, el cual generó una mirada suspicaz en Josefa, quien giró su cabeza para verla de reojo, sin pronunciar palabra—.

---

37   Guardadito: ahorro.

Quisiera tener el honor de hacerle entrega de un mensaje especialmente dedicado para usted —continuó La Chona esperando una respuesta. Pero el silencio era inquisidor, lo único que consiguió fue un ceño fruncido. Posterior a eso, metió su mano derecha a una bolsa de su delantal cuadriculado y sacó la carta de José.

Josefa, quien por los movimientos había llevado su vista hasta las manos de La Chona, levantó su mirada sin titubear y sus penetrantes ojos se clavaron en los de mujer que tenía enfrente. Siendo Josefa de pocas palabras, se limitó a decir:

—Pues no me interesa. —Se dio media vuelta y su lenguaje corporal hizo el resto del mensaje. Se disponía a salir de la cocina cuando La Chona se atravesó por su camino, con la carta en la mano y la mirada igualmente penetrante, quedaron de frente las dos mujeres debajo del marco de la puerta. La Chona estaba dispuesta a convencer a Josefa los motivos por los cuales debía recibir la carta, contestarle a José, solo de esa manera ella tendría la oportunidad de ganarse una *cacharpita*[38].

No quedaría conforme hasta tener una respuesta para José, tuviera que hacer lo que tuviera que hacer.

---

38   Cacharpita: monedas de baja denominación.

Sabado 12.

Mi Estimado José te Saludo
Con gusto y aprecio te doy
Contesto a tu hingrata cartita
Con fecha 5 del actual que ya me
dices que te pongo plazo para
Contraer Matrimonio Pues por mi parte
Yo te esperaría hasta que pudiera pero
me dices que me vaya con Vd. pues cual
eso me dejo herida por todas partes
Siento dejar abandolido a mis padres
Y Siento tambien su amistad que voy
a perder a lo que me dijes me dijes
que si me huya con Vd. que le dijese
Si no para no acierta perder tanto
Pues Yo no diré que viviría
a disgusto con Vd. Mas que él Yo quisiera
ser Eterna Con Vd. Pero en esta forma
en que Vd. hablara con mi papá y si están
Conforme Yo me huya Con Vd. en el mismo
día que el le dijera que no esto es si te
gusta y si no te conviene y si no pues
me das mi tiempo para a saber
que ya no quiere mi amistad

Carta a José

Capítulo VII

Veintidós días pasaron para que José tuviera una respuesta. El día que la recibió se encontraba muy emocionado, pago la *morralla*[39] prometida y metió la carta que le acercó La Chona en un bolsillo oculto en su saco color café, del lado izquierdo, muy cerca de su corazón. Solo tener ahí la carta le hacía tener *taquicardia*[40] y sentir fuertes las *palpitaciones*[41]. Decidió no leerla hasta que estuviera en la privacidad de sus aposentos. Mientras eso sucedía, crecía su ilusión, se enamoraba más, soñaba despierto.

Cuando un joven no ha tenido la experiencia del primer amor en edades tempranas, suele tener una adolescencia tardía, un platonismo soso, la carga emocional está desbordada, las expectativas son inmensurables. Así se encontraba José, *apendejado*[42] por el amor.

Una vez que estuvo en su casa, en la intimidad de su habitación, José se dispuso a leer la cartita que le había destinado la vida.

---

39   Morralla: dinero en forma de moneda fraccionaria.
40   Taquicardia: velocidad excesiva del ritmo del corazón.
41   Palpitaciones: sensación de que el corazón late rápido.
42   Apendejado: perder de manera temporal o definitiva la inteligencia, el sentido común, el raciocinio o la astucia.

Miércoles 14 de Octubre de 1942

Mi muy estimado José:

Con gusto y cariño le saludo y le doy contestación a su muy apreciada cartita, la cual tuve mucho gusto de tenerla.

Respecto a lo que me dice, sí tengo cariño y voluntad a usted. En su carta usted me pide que le regale una foto mía, con mucho gusto se la voy a mandar, ahorita siento mucho el no tenerla. Pero lo más pronto que tenga se la haré llegar. No crea que no se la mando porque no le tenga voluntad ni cariño.

Todo mi cariño y mi voluntad están en usted y no deje de mandarme también una foto suya, la voy a esperar con muchas ansias.

Le ruego que me dispense el papel y el sobre en que le contesto, lo hago con mucha pena, pero no podía dejar de contestar, por el papel me perdona, no es igual al de usted ni la muy fina tinta que utiliza.

Por ahorita esto nomas le digo. Sin más, se despide quien lo aprecia y no lo olvida, ni lo olvidará, quien lo quiere.

Josefa Flores Camacho

José suspiró profundamente mientras su corazón daba un vuelco, sentía una opresión en el tórax, un calor que recorría del abdomen a los pies y en su rostro se pintó una sonrisa *sardónica*[43]. Claro que no podía esperar para dar una respuesta, así que sin despertar a su madre, a paso solapado, se filtró a la tienda, que conformaba la parte frontal de su casa y que unía un pequeño vestíbulo y un pasillo al resto.

Tomó las hojas elegantes y se devolvió a su habitación. Con una pluma fuente a tinta negra, comenzó a trazar con su feísima letra los siguientes renglones. Una y otra vez comenzaba en una nueva hoja, pues al hacerlo en tinta no debía cometer errores. No sabía qué escribir y sus pobres dotes en vocabulario y narrativa no le permitían convencerse de su texto. Sin embargo, tenía sus limitaciones de las cuales no podía escapar. En conclusión, hizo lo mejor que pudo, metió su carta en un nuevo sobre y guardó su carta dirigida a Josefa en el mismo saco color café que se pondría para ir a la tienda.

Se imaginaba la carita angelical de Josefa leyéndolo y sus delicadas manos respondiéndole con esa letra tan sutil. Tomó la carta dirigida a él y buscó dónde esconderla. Debajo de su cama tenía una caja de madera con una tapa deslizable, en ella guardaba piedras que coleccionaba de niño. De pronto, sintió que esas rocas ya no representaban un tesoro para él. Abrió la caja y la volteó para tirar las piedras al piso, dos docenas de piedras con características caprichosas cayeron al suelo. De un soplido quitó el polvo en el interior de la caja, y

---

43   Sardónica: sonrisa característica donde se contraen los músculos de la cara y se dejan ver todos los dientes.

dentro de esta colocó la primera respuesta a su amor.

Por poco olvida el retrato que le solicitó Josefa en su carta, por lo que fue a un cajón en una cómoda donde guardaba sus documentos oficiales y buscó el que le parecía menos útil. Arrancó la fotografía que se encontraba adherida a una identificación de un partido político al cual lo obligaron a firmar por su afiliación.

Con todo y el sello en la parte inferior, sentía él que era una fotografía digna, así que regresó al saco color café colgado en una silla, tomó el sobre del bolsillo oculto, sacó cuidadosamente la carta que le escribió a Josefa, la desdobló, y en el centro de los dobleces colocó la imagen en blanco y negro con aquel papel brilloso fotográfico característico. Hizo todo el proceso inverso paso a paso para recolocar el sobre donde se encontraba y se dispuso a acostarse a dormir.

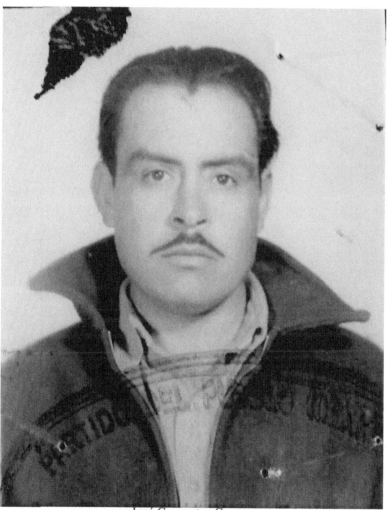

José Cervantes Gomez

Capítulo VIII

La Chona era muy buena para leer a las personas y sabía que José no se iba a aguantar las ganas de darle una pronta respuesta a la carta que le hizo llegar en nombre de Josefa, así que, para hacer ver casual su interés por otros pesitos, se hizo la escondida unos días, evitando ir a la tienda de la mamá de José. *La hizo de emoción*[44] cinco días, hasta que José fue a buscarla.

Era un día ventoso, sábanas de polvo se hacían levantar del suelo, la arenilla impactaba con fuerza las mejillas de José quien, con su saco color café, trataba de cubrir su cara. Es característico entre octubre y noviembre tener estas tormentas de arena, típicas del desierto de Mexicali; anuncian el cambio de clima, al igual que los Vientos de Santana de febrero y marzo.

José se escabulló de su casa aprovechando el ruidajo que hacía el ventarrón en los techos de madera, así su madre no se percataría de los ruidos de las puertas. Al llegar a casa de la Chona, tocó por una ventana que daba a su habitación. La Chona dio un sobresalto al escuchar el ruido del metal de una moneda golpeando el cristal, colocó su mano en su tórax anterior y respiró profundo cuando se dio cuenta que era José. La adrenalina del susto que corría por sus venas se hizo acompañar de las *endorfinas*[45], que liberó después del

---

44   Hacerla de emoción: crear gran expectativa o suspenso por algo.
45   Endorfinas: sustancias liberadas por el cerebro que dan una sensación de bienestar.

gusto de pensar en el beneficio que le traía su encomienda con los enamorados.

Se acercó a la ventana y, sonriendo, se apresuró a abrir el seguro de gancho colocado en la parte inferior para poderla rotar sobre su eje y de esta manera hablar con José.

—Cómo te tardaste en la respuesta, José. La Señorita Josefa creyó que ya no le ibas a contestar.

—¿Cómo crees? —respondió José—. No podía esperar a dar una respuesta, pero pensé que me ibas a buscar. Por favor, dispénsame con la Señorita Josefa, dile que no es mi intención hacerla pasar malos ratos. La carta prueba que el día que me llegó la suya contesté inmediatamente. Para que esto no pase, por favor, búscame en cuanto puedas para dar respuestas a las cartas —suplicó.

—Pues, a ver si la Señorita Josefa sigue interesada porque tardaste mucho. ¿Crees que no hay quién más le pueda escribir? —retóricamente lo embistió la Chona.

José sintió la misma carga de adrenalina que hacía unos segundos recorrían a la Chona, con ese sentimiento de alerta o huida, como si te correteara un perro, pero con la corteza cerebral de un homo sapiens; donde el ser humano evita sus instintos más primitivos y se resiste a salir corriendo.

—¡Échame la mano, Chona! Háblale bien de mí, convéncela de responderme —rogó José de nuevo, mientras incentivaba a la mujer con el doble del pago acordado acompañado de su cartita.

—No te preocupes, yo me encargo de eso —respondió ella mientras brillaban sus ojos e imaginariamente sonaba una caja registradora en su cabeza.

Se retiró José con una ráfaga de viento que hizo parecer que logró arrastrarlo con su fuerza, y al mismo tiempo azotó la ventana cerrándola. La Chona estaba evidentemente motivada. Se cercioró que José se había retirado a través de la ventana y por supuesto que se sentó sobre su cama para leerla.

18 de Octubre de 1942

Mi muy estimada Josefa:

Con mucho gusto le saludo y le doy contestación a su muy atenta y cariñosa carta que recibí con fecha del día 14 del actual, en la cual me dice que me escribía con mucha pena por motivo al papel y al sobre en que me contestó. Señorita, no es ningún motivo para que usted se apene, mucho menos conmigo y al fin que el contenido es el que importa y el papel sale sobrando. También me dice que su voluntad y todo su cariño está en mí. Ojalá y así sea todo el tiempo, que yo de mi parte mientras viva, todo mi cariño y mi corazón se lo dedicaré a usted.

No se imagina los deseos que yo tengo de platicar con usted sin que nadie nos oiga, para manifestarle todo mi cariño y entregarle todo mi corazón, como yo tengo deseos...

También le ruego que me dispense la mal forma de estas líneas y de la letra que quizá tal vez no le entienda.

En cuanto por ahorita se despide quien la aprecia y no la olvida ni la olvidará, quien la quiere.

José Cervantes Gómez.

La Chona se sentía de nuevo con ese revuelo de endorfinas, pero por la situación de las cartitas y su relación con el dinero. Por fin podría cumplir su sueño con un ahorrito, ya no le faltaba mucho. Una chispa le despertó la necesidad de asomarse al cuartito donde dormían sus 3 hijos varones de 7, 5 y 3 años, los cuales diariamente le recordaban la cara de su padre, ese desgraciado que vivía en el ejido vecino, que no se dignaba a contribuir con la responsabilidad de sus hijos, ni económica, ni moral, ni afectiva. Estaba el desgraciado viviendo felizmente con una mujer de 18 años con la cual esperaba un hijo. Ojalá se pareciera a él, para que cuando la dejara para siempre, también se acordara diario de su cara y encontrara esa quimera de sentimientos que amaban y odiaban en un mismo gesto. No podía creer cómo amaba tanto la imagen de quien le generaba tanta repulsión y rencor.

Casita a lado de parcela

Capítulo IX

Las cartas siguieron yendo y viniendo de una mano a otra; y los pesitos que guardaba la Chona cada vez estaban más cerca de llegar a su meta. Las cartas estaban llenas de ímpetu e interpretaciones acordes a las emociones del momento.

Domingo 25 de Octubre de 1942

Mi estimado José:

Con mucho cariño le saludo y le contesto a su muy apreciada cartita, la cual tuve mucho gusto de leer.

Respecto a lo que me dice que tal vez yo no le entienda a sus letras, ¿por qué me dice así? ¿Usted no le entendió a las mías? Yo sí les entiendo a sus letras. ¿Por qué también me dice que ojalá sea como yo le digo, de mi cariño y que mi voluntad está en usted? Lo estaría mientras no hubiera alguna diferencia en usted hacia mí.

Mientras usted sea igual para mí, yo seré fiel con usted. Lo mismo que ha sido desde que lo conocí en mi amistad.

Por ahorita nomás le digo esto. Se despide quien no lo olvida ni lo olvidará, quien lo quiere.

Josefa Flores Camacho.

Como pasa en todos los textos, están carentes de tono, voz o emoción, por lo que, cuando el escritor puede tener una intención, la situación emocional del lector puede tener una interpretación completamente distinta. Cada mente le pone el toque del momento que está viviendo, es un error en la comunicación humana.

La Chona se encargaba de tomar las cartas de José y hacerle llegar una respuesta. Las cartitas se iban subiendo de tono, pero a la Chona no le importaba el contenido, sino su objetivo. Así que ella las hacía cumplir, aderezando la situación con tiempo para hacer más interesante la situación.

1 de Noviembre de 1942

En manos de una joven por quien yo doy mi vida.

Mi adorada Josefa:

Con el mayor afecto le saludo y le contesto a su muy atenta y cariñosa carta que recibí con fecha del día 25 de octubre del actual, en la que me dice que mientras no vea una diferencia en mí para usted, será fiel conmigo, de lo que yo vivo muy contento y deseo que me vea a partir de hoy como quedante con usted.

Espero su respuesta. No puedo hacer más que esperar que acepte mi amor. Insisto de nuevo en solicitarle una foto para poder adorar su imagen y llevarla conmigo.

En cuanto por ahorita se despide quien la aprecia y no la olvida ni la olvidará, quien la quiere.

José Cervantes Gómez.

Domingo 15 de Noviembre de 1942

Mi estimado José:
Con gusto y aprecio lo saludo y le doy contestación a su muy atenta cartita. José, dispénseme que no le contesté, pero ciertamente me daba pena porque se me hacía largo el tiempo en que había recibido su carta y como usted me dijo que le contestara y que le mandara una foto, pues yo quería darle una foto mía, pero no se me ha concedido pues no tengo a la mano en este momento, ya que usted me dio una foto suya me apenaba contestarle sin una imagen mía.
Pero no es que yo lo haya olvidado, yo no tengo que sentir de usted porque lo voy a olvidar.
José, me dice que si yo acepto verlo como mi quedante, a lo cual respondo que estoy agradecida y contenta de que me considere, sin embargo, me gustaría que esto fuera muy discreto ya que nunca he tenido ese papel antes con nadie y tengo un poco de miedo de lo que implique y que se enteren mis padres, no tengo más que responder,

por ahorita esto nomás. Le dice su amiga quien no lo olvida ni pensado tiene olvidarlo, quien a usted lo quiere.

Josefa Flores Camacho

18 de Noviembre de 1942

Mi muy Adorada Señorita Josefa Flores Camacho:

Con mucho gusto y cariño la saludo con una incontenible alegría que emana de mi corazón y, después de todo, le doy contestación a su muy amable cartita donde me dice que no me ha olvidado y que en mí pensando la tiene, de lo que yo vivo muy agradecido y encantado de la vida con usted. Y también me dice que le daba mucha pena conmigo por motivo de que no me había contestado.

Señorita, conmigo no le dé pena para nada. Tráteme con toda confianza, y la foto, si no la tiene ahorita para regalármela, entonces cuando la tenga, mientras con la voluntad me conformo, pero siempre que no se le vaya a olvidar.

Señorita, yo le agradezco me aceptara como quedante, ha logrado florecer mi corazón, ahora quiero pedirle que me dedique un día para platicar porque tengo muchos deseos de platicar con usted, para tratar un encuentro y poder verla en persona, pero si no puede, en tanto ahí verá cuándo se pueda.

Por supuesto que yo voy a ser un quedante discreto por lo pronto, porque yo no quiero que por culpa mía la regañen o la traten mal en su casa. Pero si usted me tiene voluntad, busque la forma de estar conmigo y si usted quiere que yo vaya a su casa, a qué hora de la noche. Hágame usted el favor de contestar y decirme de esto, lo que pensó y cuándo.

Se despide quien la ama, dueño de todo su cariño y su corazón, quien la ama y no la olvida y no la olvidará y en todo le desea felicidades.

José Cervantes Gómez.

Domingo 22 de Noviembre de 1942

Mi estimado José:
Con gusto y cariño lo saludo y le doy contestación a su muy apreciada cartita.
José, usted me dice que quiere que salgamos a platicar a alguna parte o peor aún, que quiere ir para la casa a deshoras de la noche, siento mucho el no poderle aceptar nada de lo que me dice por motivo de que yo me encuentro inútil para salir

en la noche.

Siento no complacerlo, creo que usted no se ha de fijar, eso no sería nada discreto para lo que yo le estoy pidiendo. Espero que no se ofenda la verdad.

Por ahorita eso nomás. Se despide quien no lo olvida, quien lo quiere.

Josefa Flores Camacho

4 de Diciembre de 1942

Mi adorada Señorita Josefa:
Con mucho gusto y cariño le saludo, le contesto atentamente su amable cartita la cual recibí con mucho gusto, estrecharla en mis manos, pero enseguida mi corazón se marchitó cuando vi donde me dice que se encuentra inútil para salir en la noche a platicar conmigo.

Señorita, no se imagina los deseos que tengo de platicar personalmente con usted y para alivio de mis males, yo creo que hay esperanzas. Pero en fin, yo estoy conforme y agradecido con usted porque se ha preocupado en contestarme pronto, ya estaba muy triste porque creía que ya me había olvidado, pero de hoy en adelante me voy a quitar de tristezas porque veo que se ha preocupado bastante y también insisto mucho que

me haga favor de regalarme una foto suya lo más
pronto que sea posible.

En cuanto por ahora se despide con unos
fuertes abrazos y con ardientísimos besos quien
la quiere y no la olvida ni la llegará a olvidar.

Adiós, adiós, adiós. Y hasta en otra.

Quien la ama con toda el alma.

José Cervantes Gómez

Sin respuesta.

18 de Diciembre de 1942

Mi muy apreciable Señorita Josefina Flores
Camacho:

Le escribo la presente para saludarla con el
mayor afecto, deseando se encuentre bien como
son mis deseos, y después de saludarla le digo lo
siguiente, sin temer ninguna falla a qué referir-
me, me atrevo a escribirle estos renglones para
decirle si ya por completo me echó al olvido o ya
se enfadó de mi relación.

Suplico me haga favor de contestarme y darme los motivos y yo le aseguro que no la vuelvo a
molestar. Y si acaso todavía no olvida lo pasado,
me hace favor de contestarme y dedicar un día
para mis pláticas con usted. En cuanto le dice a

quien la quiere y no la olvida ni la llegará a olvidar.

Su amigo que en todo le desea felicidades

José Cervantes Gómez

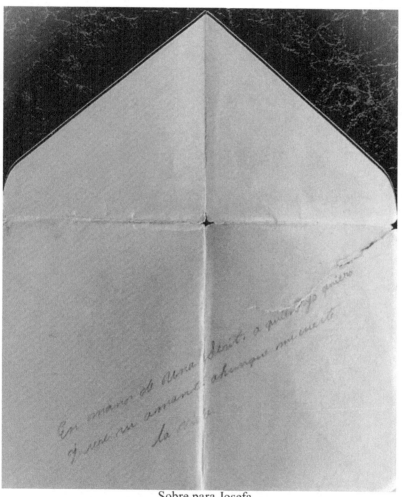

Sobre para Josefa

Sobre para Josefa 2

Capítulo x

José se estaba desesperando, no podía dejar ir al amor de su vida, iba a hacer lo que fuera necesario. Le dedicaba mucho tiempo al pensamiento de Josefa, idealizaba la relación, tenía repentinamente deseos de salir a buscarla, pero no quería cometer una imprudencia y que esto quebrara su relación.

La Chona lo empezó a aconsejar, le dijo que así se debían conocer las personas de familias decentes, a través de cartas. Que no se desesperara, que se concentrara en el trabajo, no fuera a enterarse su madre de que estaba enamorado y descubrir a Josefa con sus padres y entonces sí, ya no sabría más de ella.

José, ciertamente, era un inexperto en el amor, era un soñador e idealista, era su primer encuentro con el romance. Decidió no buscar a Josefa como La Chona aconsejaba, pero ser insistente y enérgico en sus cartas.

Quería dejarle claro a Josefa que eran el uno para el otro, que el destino ya los había encontrado, que él se sentía listo para amarla.

Martes 22 de Diciembre de 1942

Mi estimado José:
Apenada respondo sus dos cartas anteriores, estuve indispuesta y además tuve mucha visita con motivo de mi cumpleaños el pasado 11 de diciembre. Sigo interesada en relacionarme con

usted, pero siento mucho el no poderle aceptar el que nos miremos.

Acepto su amistad y su amor, acepto el que nos conozcamos por este medio y nos llamemos quedantes, tenga por seguro que mi cariño lo dedico para usted. Pero soy una señorita decente y no puedo estar por ahí platicando con un hombre sin un título digno a una relación conmigo. Hasta que yo tenga un compromiso debo mantener mi imagen impecable. Espero no me tome a mal.

Por ahorita eso, no más. Se despide quien no lo olvida, quien lo quiere.

Josefa Flores.

24 de Diciembre de 1942

Mi adorada Josefa:

Primeramente le deseo muchos cumpleaños más, ojalá pueda vivir mucho, no sé, más de noventa años, creo que no conozco a nadie que haya vivido tanto. Me entristece no haberme enterado antes de que fuera su día, pero de igual manera, no hubiera tenido la dicha de que me regalara la oportunidad de abrazarla. Así como hoy, un día tan especial, el día de la Noche Buena, donde todos se muestran afectuosos con sus seres queridos, y heme aquí con mi corazón solitario.

Yo, desde el feliz momento en que recibe mi amistad, estoy encantado de la vida, y al mismo tiempo muy triste por motivo de que no la veo a mi lado, como yo tengo dolor. Los días se me van tan largos como años y cuando la sueño a mi lado, si es una hora la confundo con un segundo.

Aunque si es como usted me dice, que su cariño lo dedica para mí y quiere que la gente no hable, entonces quiero que me haga favor de darme un plazo con objeto de matrimonio, si usted piensa que mi compañía sea feliz para usted, aunque en mi poco el tiempo en que nos hemos conocido en bien usted y yo, pero para pensar con dos o tres días tiene, al fin que ya estamos listos tanto usted como yo.

Así, para no hacerla perder más su tiempo, si corresponde su sentimiento al mío y está lista para nuestra relación, váyase conmigo que nada le faltará mientras yo esté a su lado.

A ver si me hace favor y me contesta una cosa u otra.

Y en cuanto por ahora, se despide quien no la olvida ni la olvidará, quien la quiere y le desea muchas felicidades en todo, un adorado y quien nomás en usted piensa.

José Cervantes Gómez.

Sábado 28 de Diciembre de 1942

Mi estimado José:

Le saludo y le doy contestación a su ingrata cartita con fecha del 24 del actual y en ella me dice
que le ponga plazo para contraer matrimonio.

Pues por mi parte yo me esperaría hasta que
pudiera, pero me dice que me vaya con usted,
pues cual eso me deja herida por todas partes.
No puedo dejar ofendidos a mis padres, y siento
también que su amistad voy a perder.

Me dijo que si me iba con usted que le dijera, si
no para no hacerme perder tiempo; pues yo no
diré que viviría a disgusto con usted, más que sí
yo quisiera ser eterna con su relación. Pero para
esto tendría que usted hablar con mi papá, si él
no concediera, temo que nos prohíba continuar
con nuestra amistad y yo no quisiera que pasara
eso.

Tu Josefa Flores Camacho

Posdata: Prefiero que aún no hablemos de ese
tema de formalizar. Hay que disfrutar la relación
como hasta ahora.

Diciembre 29 de 1942

Mi estimada Josefa:

Con mucho gusto y cariño le saludo y le doy contestación a su muy atenta y cariñosa carta que recibí con fecha del día 28 del actual y en ella me dice que lo que yo le digo le dejó herida por todas partes.

Señorita, quiero que me haga favor de dispensarme mucho. Ahora estoy arrepentido de haberla ofendido en esa forma y también me dice que siente mucho mi amistad la va a perder.

Señorita, mi amistad la perderá solamente que usted se enfade de ella, por mi parte yo quisiera que fuera eterna nuestra amistad porque desde el feliz momento que usted me correspondió, ha estado mi vida más feliz, que no sabe lo encantado de la vida que estoy con su amistad.

Por un momento se detuvo mi corazón cuando usted me dijo en su posdata que no quería formalizar, luego entendí que es una carta del día de los santos inocentes. Por eso incluyó su broma en la posdata.

En la parte seria me dice que yo hable con sus papás respecto a lo que usted y yo tenemos mencionado. Con todo gusto voy a hablar con él para demostrarle a usted que mi cariño es limpio y que la quiero de corazón, nomás me hace favor de esperarme otro día más para así mismo tantearme yo. Solo espere un poco, dentro de unos días más. Le aviso qué día exactamente.

Siempre que sea como usted me diga, si su papá no aceptara que se viera conmigo y si él se negara, será muy vergonzoso para mí. ¿Qué diría la gente?, pues ellos ni se imaginan de una relación de usted conmigo.

Así que por ahorita, en cuanto le dice quien no la olvida, ni la olvidará, quien la quiere y la adora eternamente y quien ya es dueña de todo mi ser.

José Cervantes Gómez

Diana en el Murguía

Capítulo XI

Una fría mañana, después de Año Nuevo, pero antes del día de Reyes, José se encontraba observando la escarcha que se formaba en el respaldo de una banca de madera afuera del negocio de su madre. Sus manos entumidas del frío se escondían dentro de las bolsas del saco color café que portaba. Diario pensaba en la siguiente respuesta de su amada. Escuchó sonar la campana para dar gracias en domingo. Ahora correspondería a las familias de la localidad dar gracias por un nuevo año y pensó que seguro Josefa estaría ahí con sus padres en misa de las nueve.

Caminó José para que le quedara a la vista la explanada y puerta de aquella iglesia de pueblo pobre, levantada apenas con unas cuántas tablas y tablones, con los más incómodos bancos de madera mal tallada que aún astillaban en un descuido. Pocas veces José pisaba la iglesia, su madre no era muy devota y no les había inculcado el catolicismo como se acostumbraba en las familias del pueblo, escondía su agnosticismo detrás del mostrador de la tienda, su pretexto era el que no se podía quedar sola, ¿qué tal que alguien ocupara urgentemente algo?, decía que Dios comprendía y que al cabo ella y su familia cumplían con sus oraciones.

La última vez que se había parado en esa iglesia fue para despedir a un amigo de él que murió por una patada equina. Tal vez ese había sido el único amigo de José. Desde entonces se refugió, al igual que su madre, detrás del aparador de la tienda. Recordaba el piso de tierra de la iglesia, las bancas recientemente entintadas, floreros caseros con flores de buganvilias y ramas verdes de mezquite en el suelo, ni siquiera había florerías para comprarle a sus muertos. Una triste caja barata de tabla con los sellos de la tienda contenían el cuerpo sin vida de su amigo de 16 años.

José exhaló vapor por su boca cuando a lo lejos alcanzó a ver a Josefa del brazo de ambos padres caminando hacia la explanada de la iglesia, su corazón comenzó a responder a una carga adrenérgica, sentía que su taquicardia y palpitaciones sonaban en el exterior de su tórax así como resonaban en su cabeza. Deseó correr a abrazarla y que el mundo se enterara de su secreto, quiso tener el valor para hablar con su padre en ese momento.

Se miraba hermosa, como siempre. Menudita, con su largo vestido dominical, con su hermoso chal de terciopelo que combinaba con sus guantes.

José se acercó lo suficiente como para que ella lo mirara, para que cruzaran su vista y que ella volteara, pero no lo hizo. Ella estaba siendo discreta y lo hacía muy bien, ni parecía que lo tuviera en cuenta. Ni el intento hacía por explorar a su alrededor a ver si lo alcanzaba a divisar.

El padre de Josefa se desprendió del brazo de ella y caminó para hablar con otras personas; su madre hizo lo propio, pues el domingo, además de dar gracias a Dios, se acostumbraba a socializar. Josefa, tímida, se quedó parada inocentemente bajo el rayo del sol el cual era bastante agradable en el clima extremosamente frío de enero. Su cabello castaño medio alcanzaba a reflejar algunos destellos dorados. José quedó estupefacto como la primera vez.

Un par de palominos a todo galope lo hicieron volver a la realidad, salieron de la nada y se dirigían a la explanada de la iglesia. Apenas las personas estaban reparando de la presencia de los jinetes, cuando uno de ellos se acercó violentamente hasta Josefa y con una fuerte sacudida, la mal tomó de un brazo y la jaló a la montura sin detenerse. Fue todo tan súbito que nadie reaccionó, hasta que la madre de Josefa gritó con fuerza:

—¡Se roban a mi hija!

La atención de todos fue acaparada por el acto infame, y antes de que alguien tuviera la oportunidad de parpadear, Josefa estaba tirada en el suelo, víctima de un inicuo plan que se estropeó tanto como su vestido y peinado.

José no daba crédito a sus ojos, solo pudo darse media vuelta y padecer solitario en la tienda.

Palominos del Murguía

Capítulo XII

Enero 9 de 1942

Mi estimada Josefa:

Después de una semana de auto tortura, finalmente he caído en cuenta de lo que pasa. Espero estar muy equivocado, pero los hechos me hacen pensar que usted tiene otro novio. Hágame el favor de dispensar mi sentimiento. Ahora entiendo el porqué su posdata de la última carta. Ahora entiendo por qué no puede verme y que no quiere que me presente con su padre. Ahora entiendo por qué me dice que siente que mi amistad la va a perder.

No le voy a decir que no tengo herida mi alma, no le voy a decir que no me dio gusto que hayan salido mal los planes de su novio. En el fondo de mi alma espero que no se esté burlando de mí y estar muy equivocado.

Solo necesito que me diga la verdad. Aceptaré lo que usted desee, no quisiera perder su amistad. Espero no se enfade de mí, pero no me ofenda tampoco. Así que espero respuesta, quien no la olvida, ni la olvidará, quien la quiere.

José Cervantes Gómez

Miércoles 13 de Enero de 1943

Mi estimado José:

Con gusto y cariño le saludo y le doy contestación a sus apreciada y atenta carta en la cual me dice que su amistad no la pierdo. Solo que yo me enfade de usted. ¿Y yo por qué me voy a enfadar de usted? A mí solo me enfadaría que usted tuviera alguna diferencia hacia mis sentimientos.

También me dijo que yo tenía otro novio, pues de mi parte yo no puedo cumplir con dos como usted ha de ver bien, así que no se crea, por ahorita soy suya y nada más. Aquí no está pasando nada de lo que usted cree, lamento que el intento fallido de despojarme de mis padres por un desgraciado lo haya hecho pensar cosas terribles de mí, pero eso yo se lo puedo perdonar.

Por favor, sea igual conmigo, yo seré igual con usted. Lo que sí me pudo mucho que me dijo que yo me portaba mal con usted. Pues mi intención que tengo yo para usted es que usted nunca tenga que sentir de mí eso. Me duele que lo exprese otros días.

Por ahorita, en estos momentos le digo que soy su amiga, quien no lo ofende, ni lo ofenderá. Quien lo quiere.

Su Josefa Flores Camacho

18 de Enero de 1942

(Espero se vea en manos de la dueña de mis amores).

Mi adorada Josefa:

Con mucho gusto y cariño la saludo y le doy contestación a su atenta y cariñosa cartita la cual tuve mucho gusto y en donde me dice que le pudo mucho que yo le aiga dicho que usted se portaba mal conmigo. No cierto, yo de usted no tengo que decir nada, hasta orita porque conmigo ha sido muy fiel, si así es que si yo le dije que quiero que me haga favor de dispensarme.

Fue un error el mío porque soy muy simple y muy inútil, finalmente no tengo capacidad para nada, así que si la ofendo en algo me dispense que la he ofendido ignorantemente.

También me dice que sus intenciones son que yo no tenga que sentir nada malo de usted. Yo para usted quisiera lo más fino y lo más bonito, porque para mí en el mundo no hay más ilusión más que estar con usted. Así que me voy a decidir a fijar fecha para hablar con su papá, no quiero que otro malhechor me vaya a querer ganar con el amor de mi vida. Porque yo todo mi cariño y mi voluntad la tengo dedicado para usted, por orita esto nomás le digo, se despide quien no la olvida ni la olvidará. Quien la quiere y la adora hasta la muerte, el último de los que usted ama.

José Cervantes Gómez

Jueves 21 de Enero de 1943

Mi estimado José:

Con gusto y cariño le saludo y respondo a su muy apreciada cartita con fecha del 18 del actual, en la cual me dice que le va a informar a mi papá sobre la relación suya y mía. Está bueno, siempre a como hemos estado. Si él no consiente de lo que pasa, pues qué más da, que nos dispense.

Pero en esta forma en que usted hablará con mi papá, y si él no concedería, yo me iba con usted en el mismo día que él le dijera que no, esto es si gusta y si le conviene. Pues y si no, pues me da mi tiempo para yo saber que ya no quiere mi amistad y buscar cómo reparar mi corazón.

Por ahorita se despide quien no lo olvida ni piensa olvidarlo, quien lo quiere de veras. Quien ahora lo quiere y lo querrá siempre.

Josefa Flores Camacho.

Posdata:
Espero su respuesta, para que no me agarre por sorpresa su visita a mi padre.

La Bestia

Capítulo XIII

Una fría mañana, antes del *Día de la Candelaria⁴⁶*, La Chona estaba tomando el tren de pasajeros en la estación del kilómetro 49 hacia un destino que nadie conoció nunca. Se hizo acompañar de sus hijos y unos ahorritos que tenía guardados. Solo se llevó la ropita que traían puesta y una maletita con objetos personales, a iniciar una nueva vida, nunca más en el poblado Francisco Murguía supieron de ella.

Esa misma mañana, en el ejido vecino, el sombrío grito horrorizado de una joven mujer preñada irradiaba dolor y culpas; su pareja había *pasado a mejor vida⁴⁷* víctima de dos *plomazos⁴⁸* bastante atinados, directos a su región *precordial⁴⁹*, el primero destrozó la aorta y el segundo se alojó en el ventrículo izquierdo, causando una muerte en segundos sin tiempo a la agonía.

El difunto, antes de perder suficiente sangre como para caer en un *shock hipovolémico⁵⁰*, vio pasar ante sus ojos las memorias buenas y malas de su vida. No le dio oportunidad al médico más cercano de darle los primeros auxilios cuando

---

46   Día de la Candelaria: se celebra la purificación de la Virgen de la Candelaria el 2 de febrero.
47   Pasar a mejor vida: es una expresión que indica que una persona ha muerto.
48   Plomazos: impacto que causa el perdigón disparado con arma de fuego.
49   Precordial: región del pecho que corresponde al corazón.
50   Shock hipovolémico: trastorno posiblemente mortal en el que los órganos no reciben suficiente sangre ni oxígeno.

ya sus pupilas se encontraban completamente *midriáticas*[51], solo le alcanzó el tiempo para pedir perdón.

Un arma tipo revólver descansaría al fondo del Río Colorado para ceder a la oxidación y reintegrarse a la naturaleza con el paso de los siglos, sin que nadie más volviese a verla. Su vendedor se había llevado las suficientes monedas para poder alimentar a su familia una semana. Valía más la seguridad alimentaria de su familia que la tentación de utilizarla cada que sus hijos lloraban de hambre.

---

51   Midriáticas: pupilas dilatadas.

Servilleta bordada a mano por Josefa

Capítulo XIV

Los padres de Josefa estrenaban nueva *muchacha*[52], una chica del sur de la república había llegado hacía unos días al pueblo, cuando La Chona había anunciado que se iría pronto. La nueva muchacha tendría unos 17 años, hablaba *Triqui*[53], había llegado en «La Bestia»; no tenía hijos, no estaba casada y definitivamente le esperaba mejor futuro en este lugar que en el cerro de donde era originaria.

José pensó en llegar de sorpresa a la casa de Josefa. Se puso su mejor traje, se perfumó, dio un beso a su madre en la frente y salió empoderado de la tienda. Caminó sin percatarse del sonido del tren ni del sonido del río, tampoco del escandaloso chisme de la policía entre las personas a su alrededor que hablaban de la muerte del ejido vecino, y sin percatarse del frío. Solo caminó hasta la puerta de la familia Flores Camacho con una gran sonrisa, con un discurso en su mente. Con una caja de chocolates para la futura suegra, con una *gerbera*[54] color rosa de utilería en la mano para la futura novia y con un fino pañuelo para el futuro suegro, todo de la tienda de su madre.

Llegó temprano a la puerta, tocó con firmeza y puso cara de sorpresa cuando le abrió Flavia, la nueva muchacha. Él

---

52   Muchacha: sirvienta.
53   Triqui: macrolengua que se habla en el estado de Oaxaca, México, pertenecientes a un grupo indígena de esta región.
54   Gerbera: flor ornamental de la familia Asteraceae con una amplia gama de colores.

esperaba que le abriera su cómplice de amores, La Chona. Pero su sorpresa no borró su expresión de júbilo. Él estaba seguro de a lo que iba y lo que diría, así que sería difícil distraerlo. Inmediatamente preguntó muy respetuosamente por el señor de la casa y, como se acostumbra, la muchacha lo invitó a esperar de pie en el recibidor.

Mientras esperaba a que lo atendieran, se encontraba un poco nervioso observándolo todo. Tenía que ver hasta el más mínimo detalle que le hiciera conocer el nivel de vida mínimo que le ofrecería a su futura esposa. Así como ese piso color ladrillo en cuadros, muy tradicional mexicano, con zoclo de talavera, un sillón tejido con alguna fibra natural, recubierto con tapiz de tela, y no podían faltar las servilletitas bordadas a mano con figurillas.

Pensaba en si Josefa sabría bordar o tejer. Seguramente sí, y si no, pues ya aprendería. Sonriendo miró la flor de utilería, la escogió de tal manera para que nunca se marchitase, entre las docenas que vendía su madre le pareció la que se asemejaba más a una natural. Representaba el amor eterno que le había prometido a Josefa, uno de esos que nunca muere. Después pensó en si sería el color rosa del agrado de Josefa.

Sin duda, los chocolates para su suegra serían los indicados, importados, finos, deliciosos chocolates con relleno de cereza, muy acostumbrados como un fino regalo. Ojalá le gustaran a su futura pariente política, casi madre segunda que tendría. Y para el hombre, un pañuelo de seda. ¿Cómo no le dirían que sí?

José perdió repentinamente la sonrisa de confianza, lo invadieron los nervios, tuvo un vuelco en el estómago tan fuerte como si fuese un *volvulus intestinal*[55] acompañado de síntomas *vasovagales*[56]. Todo eso pasó en unos cuántos segundos. Más le valía calmarse o se le trabaría la lengua.

55   Volvulus intestinal: torsión o giro del tracto gastrointestinal.
56   Síntomas vasovagales: palidez, nauseas, sudoración, ritmo cardiaco acelerado, presión arterial baja, visión borrosa.

Pacas apiladas Rancho Los Potros km 49

Capítulo XV

La señorita Josefa no era muy buena para levantarse temprano, así que aún descansaba. Flavia, que intuía lo que sucedía con el joven de la puerta, decidió llamar a Josefa antes que a su padre para que se diera una arreglada. Josefa aún adormilada no entendía por qué tenía que levantarla la muchacha nueva, de la cual no recordaba su nombre, pero si se atrevía a llamarla debía ser algo importante. Así que, aún *modorra*[57] comenzó a vestirse.

Flavia salió de la habitación de Josefa y se dirigió a los aposentos de sus padres, contagiada de nervios y tocó la puerta sutilmente. Los padres de Josefa se encontraban ya alerta, pero conversando cubiertos por las colchas de la cama.

—¡Adelante! —Se escuchó detrás de la puerta. Así que se deslizó con poca fuerza el portón de madera con adornos de hierro forjado, para asomarse la pequeña cabecita de pelos lacios negros muy largos recogidos en una trenza floja de Flavia.

—Buenos días, señores, disculpen la molestia, un hombre bien vestido busca al señor de la casa —refirió la muchacha quien, a pesar de hablar correcta y fluidamente el español, costaba un poco de trabajo entenderle por su acento foráneo.

Los señores se preocuparon, pues ese tipo de visitas tan temprano no eran comunes, así que procedieron a vestirse

---

57   Modorra: somnolencia o sopor intenso.

mientras Flavia volvía al recibidor para avisar al ingenuo joven que los señores vendrían en un momento más.

José se encontraba de pie, bailando sobre su eje y dio un pequeño sobresalto cuando vio a Flavia, pero trató de disimular ampliando su sonrisa.

El primero en pararse frente a José fue el padre de Josefa quien, extrañado, lo vio parado frente a él con cara de ansiedad, el futuro suegro frunció el ceño y lo invitó a pasar a la sala de estar.

—Buenos días, joven, ¿a qué debemos su visita esta mañana? —preguntó el señor de la casa.

—Preferiría esperar a hablar cuando esté también su esposa —contestó José.

El Señor Flores volteó de reojo a ver a Flavia, y con la cabeza hizo una seña para que apurara a su esposa. En un par de minutos que parecieron vidas completas, estuvieron ambos hombres en la sala sentados en sillones contiguos, hasta que llegó la Señora Camacho. Su gesto no fue más que de extrañeza, y al percibir el tenso silencio sepulcral, saludó con una pequeña reverencia y se sentó al lado de su marido.

—¿Y bien, José?, ese es tu nombre, ¿cierto? Eres el hijo de la señora Gómez de Cervantes. Dime, ¿en qué podemos ayudarte? —cuestionó seriamente el Señor Flores.

José se puso tan nervioso que los primeros tonos de su voz salieron agudizados, como cuando en la adolescencia les cambia la voz a los hombres. Tuvo que carraspear para aclarar su voz.

—Primero que nada, señor Cervantes, quiero darles estos obsequios a usted y a su esposa —dijo mientras les extendió el pañuelo de seda y los chocolates. Colocó la *gerbera* detrás de él esperando el momento oportuno de sacarla de su escondite. Las caras de los señores no fueron de claridad—. En segundo lugar —continuó José—, vengo a darles una buena noticia. —Se puso de pie, dejando descubierta la flor color rosa de utilería. Los ojos de los padres de Josefa voltearon por inercia de prisa a verla y después vieron a José de pie por lo que hicieron lo propio—. Vengo a decirles que yo y Josefa —titubeó—. Que Josefa y yo estamos enamorados y que nos hemos escrito cartas durante semanas y que vengo a presentarme como un buen hombre que le brindará una buena vida a su hija —continuó con más seguridad—. No se disgusten con Josefa, ella no sabe que he venido hoy a hablar con ustedes, quise darle una sorpresa. Pero sí hemos hablado en las cartas de casarnos así que, me atrevo a pedir la mano de su hija. —Terminó su discurso y suspiró profundamente.

Los padres de Josefa estaban boquiabiertos, sin palabras. Flavia ahogó un pequeño gritillo de júbilo y aplaudió tratando de no hacer ruido, le causaba emoción en su primer día de trabajo ver una escena tan romántica, su acto sirvió para terminar con el *sopor*[58] de los padres de Josefa.

—Dice usted entonces, que Josefa y usted son ¿quedantes? —Suspiró enérgicamente y de manera corta, volteando a ver a su esposa quien tenía la misma incógnita reflejada en su rostro—. Bien, pues antes de darte una respuesta, quisiera

---

58   Sopor: estado intermedio entre el sueño y la vigilia.

que viniera nuestra hija. —Hizo de nuevo una seña muda, esta vez con su brazo derecho para que Flavia fuese por ella. Flavia, inmediatamente entendió la seña, lo que no entendía era la falta de alegría ante la noticia de una solicitud de matrimonio para la señorita de la casa que era evidentemente una solterona.

Josefa se encontraba terminando de recogerse el cabello, un poco más despierta, cuando Flavia entró con cara de cómplice a su habitación y cerró la puerta detrás de ella.

—Señorita Josefa, ¡vinieron a pedir su mano! —exclamó la muchacha con emoción.

Josefa, quien aún estaba adolorida por el intento de robo frente a la iglesia y sus moretones color verdosos aún no se borraban, lo primero que pensó fue en aquel bochornoso evento, se sonrojó y puso cara de sorpresa, después palideció y se encerró corriendo en un armario.

Flavia estaba extrañada, no era la reacción que esperaba de la señorita. Se paró la muchacha frente al armario, tocó con el nudillo tres veces la puerta

—¡Señorita! ¿Qué les digo?

No obtuvo respuesta.

Cerco de varas km 49

Capítulo XVI

Tras una larga espera en la sala de estar, José sudaba; gotas frías recorrían desde su cabeza hasta la *rabadilla*[59]. Afortunadamente, con el saco puesto no se notaba la humedad en su camisa.

Los padres de Josefa se encontraban en su cuarto acompañados de la muchacha, rogando porque la señorita saliera de su encierro en el armario. Había colocado el seguro de una aldaba en el interior. Nadie sabía a quién se le ocurriría poner un seguro o una aldaba en el interior de un armario, tal vez a alguien que, como Josefa, le parecía que era una buena idea ocultarse en su interior.

—¡Vamos, hija! —suplicaba su madre—. No nos vamos a molestar, explícanos sobre la relación entre el joven José y tú. —Después de varios minutos de imploro, Josefa quitó la aldaba.

—Madre, padre, no van a creerlo, no tengo ningún tipo de relación con ese joven. No sé cuál es el motivo que tienen para querer arrancarme del seno de mi familia. Yo aquí soy muy feliz. ¿Serán ustedes los que quieren que ya me vaya? —replicó Josefa a la situación.

—Bueno, Josefa, el joven dice que tiene tus cartas y que acordaron casarse —dijo el padre—. Solo necesitamos que estés de acuerdo, si tú has quedado con ese muchacho de estar juntos, no será propio desairarlo. —Calló, esperando respuesta.

---

59   Rabadilla: Extremo inferior de la columna vertebral.

—No conozco a ese hombre y no tengo interés en conocerlo, no tengo ninguna relación con él y no he prometido casarme con nadie. —Chilló Josefa, desesperada, se encontraba atemorizada, sentía que en muy poco tiempo era agredida por un hombre nuevamente.

—Muy bien, Josefa, entonces vamos frente a ese joven a aclarar esta situación. ¿Por qué habría él de inventar semejante cosa? —cuestionó su padre.

Obligada, Josefa acudió a la sala de estar junto a sus padres, donde José había humedecido ya el sillón. Al verlos juntos, se puso inmediatamente de pie y sonrió confundido por no encajar las muecas de la familia Flores Camacho con sus expectativas.

Josefa, con la cara baja, fue acercada hasta estar frente a José. Él, confundido, no pronunció palabra, solo alcanzó a ver por su diferencia de altura su cabeza a nivel de la sutura parietal. Volteó a ver a los ¿futuros suegros?

—Josefa, explica por favor esta situación frente al joven —exigió la madre ya en un tono un tanto molesto.

—No tengo nada qué explicar —reparó Josefa con cara molesta—. Yo no tengo ninguna relación con este hombre —sostuvo firmemente sus palabras.

—Joven José —intervino el padre de Josefa—, ¿tiene usted alguna prueba de lo que dice?

José sintió cómo la sangre recorrió todo su cuerpo en un calor repentino, y un cambio de presión y una onda eléctrica que le recorrió de cabeza a pies, se erizaron sus vellos de los brazos, se dilataron sus pupilas y las palpitaciones casi salieron de su pecho. ¿Qué pasaba? Sintió seca su boca. Y por fin habló.

—Josefa, yo tengo sus cartas, no era mi intención generarle una mala sorpresa. Le debí haber avisado antes. Una disculpa, pero es que ya no vi a La Chona y pues... —José fue interrumpido por un fuerte llamado a la puerta.

La policía estaba buscando al señor de la casa. Flavia atendió el llamado, ya le parecían muchas emociones para un solo día. El agente interrumpió la embarazosa situación y la atención de la familia Flores Camacho se desvió a las noticias de la policía.

Buscaban a La Chona, sospechaban que estaba involucrada en la muerte de su exesposo y habían encontrado en su casa unas cartas donde aparecía el nombre de Josefa.

Nopalera km 49

Capítulo XVII

Después de meditarlo y atar cabos, cayeron en cuenta de lo que había pasado. Finalmente, La Chona había montado una escena para obtener dinero fácil y su chivo expiatorio fue José. Josefa no se encontraba ni enterada de que a su nombre habían logrado hacer iluso a un hombre.

Ese fue el oprobio más grande que José vivió, se cree que eso lo hizo cambiar. Todos en el pueblo se enteraron de cómo a José *le vieron la cara*[60]. Su madre odió a Josefa más que a La Chona, porque su nombre le arrebató la inocencia a su hijo y aun sin ser Josefa la culpable, cargó con eso hasta la muerte de esa señora odiosa y *cabrona*[61], en su casa ella mantenía una especie de régimen de fuerte matriarcado, en su casa *solo sus chicharrones tronaban*[62].

Los padres de Josefa se sintieron muy apenados con la situación así que acordaron con José que tenía permiso de pretender a su hija de manera formal. Nadie pidió el parecer de Josefa, finalmente ya era ella una mujer quedada y sus padres no podían tenerla ahí para siempre. Pocos meses pasaron para que se fijara la fecha de una boda y pocos meses más para la llegada del primer heredero.

Nadie le preguntó a Josefa si quería tener novio y si quería tener esposo, nadie le preguntó si quería tener hijos ni si

---

60   Veile la cara a alguien: se refiere a engañar a una persona.
61   Cabrona: una persona que hace malas pasadas o resulta molesta.
62   Solo sus chicharrones tronaban: frase para marcar territorio y mostrar quién manda.

quería separarse de sus padres, quienes poco después volvieron sin ella a La Paz. Poco los volvió a ver. Ahora Josefa tenía obligaciones de mujer y de madre. Su suegra nunca la quiso. Y sus padres, aunque la amaban, consideraban que ahora era *harina de otro costal*[63]. Josefa decía que al principio temía de José. Amó a sus hijos con toda su alma y a su marido lo aprendió a querer por inercia. Aunque nunca le dio la vida que ella se mereció.

---

63   Harina de otro costal: cuando algo o alguien no pertenece al grupo con el que es comparado.

Pintura José y Josefa

EPÍLOGO

La madre de José nunca quiso a Josefa. Josefa fue violentada económica y psicológicamente por José y su madre, hasta que José abandonó a su familia en 1961, se marchó a la ciudad de Tijuana y vivió con otra familia. José dejó a Josefa con 10 hijos, la dejó por otra mujer con hijos propios y tuvo otros 2 hijos más. Josefa y sus hijos le decían Pepe, no se hizo cargo de ellos. Falleció a los 66 años por homicidio, un escopetazo en el tórax anterior, estaba en su propia tienda en la que trabajaba en La Presa, Tijuana, dicen las malas lenguas que su mujer lo mandó matar.

Josefa vivió en pobreza extrema junto con sus hijos, quienes tuvieron que trabajar desde edades muy tempranas para poder comer, tuvieron la oportunidad de asistir a la escuela. De sus 10 hijos, 3 fallecieron antes que ella, una niña de deshidratación a los 8 meses de vida, su tumba se perdió en el Centinela en un alud por fuertes lluvias, otra en un terrible accidente de auto en la vida adulta y el otro de insuficiencia renal en la vejez. Conoció 40 nietos, más de 50 bisnietos y 4 tataranietos, fue muy amada. Su familia le decía «Meme» y la recordaban cariñosamente como «Memita». Falleció en Mexicali de leucemia a los 97 años. Tuvo una feliz vejez con una alta calidad de vida gracias a su familia. Nunca quiso volver a estar con un hombre. Me llegó a platicar que nunca quiso estar con ninguno, que ella hubiera sido feliz viviendo siempre con sus papás, pero en esos años no les daban a elegir.

Josefa perteneció a la *Generación Grandiosa*[64], se caracterizaban por ser formales, cooperativos, poniendo el interés público sobre el interés personal, leales, pacientes, eran respetuosos de la autoridad, de sus padres, conformistas y anteponían el deber al placer, sabían seguir reglas, y se ganaban la vida con esfuerzo y compromiso. Aún no conocían la liberación femenina.

---

64   Generación Grandiosa: personas nacidas entre 1914 y 1925.

Josefa Flores Camacho

Agradecimientos

Quiero enaltecer a las mujeres fuertes, y aplaudir las muchas cualidades que ellas tienen; vivimos en un país donde ser mujer es una desventaja en muchos aspectos. Romper paradigmas, ir contra la corriente, dar amargos tragos de machismo, vivir en desigualdad, ser agredidas, es el pan que comemos día a día. Admiro a las mujeres que guardan el equilibrio, saben mediar, siguen sus sueños, cumplen sus propias expectativas porque les es posible. Pero hay un sentimiento muy especial también en mí por las mujeres que son arrastradas con la corriente, viven situaciones adversas y desfavorables, y no se dejan ahogar, las que impulsan en su descendencia lo que a ellas les privaron.

Mi gratitud a las mujeres fuertes que me rodean, todas son admirables. Especialmente agradezco a mi hermosa madre Leticia, que es mi mejor ejemplo de fortaleza. Agradezco a mis hermanas Abril y Ana, que compartimos este lazo imponente que hizo mi madre en nosotras, a mis abuelas Juana y Josefa, que impulsaron el cambio generacional de la mujer. Y especialmente a todas las hermanas elegidas, Irán, Las Morsas, La Jose, Las Esperancitas, Las Chonas, quienes forman mi red de apoyo rosa.

Hago un espacio dentro de este reconocimiento a los hombres que creen en las mujeres y las engrandecen, a los que dejan de lado los arqueotipos obsoletos, y se suman a la equidad de género. Gracias, Papá, hermano, amigos.

Quiero agradecer a la Editorial Winged por hacer realidad mi sueño, enseñarme a volar.

Y por supuesto quiero agradecer a mis lectores, por seguir conmigo en este hermoso viaje; esto es por y para ustedes, los invito a más aventuras.

Sobre la autora

Dr. Diana Cervantes, Médico Familiar y Maestra en Nutrición Clínica, es Mexicana orgullosamente. Lectora enamorada de las novelas, su autor favorito es Oscar Wilde. Su experiencia con la lectura ha abierto su mente a otras realidades y su profesión la han hecho vivir un sinnúmero de experiencias que estimulan su deseo de compartir con el mundo su percepción de los acontecimientos.

Entre otros escritores que han influido en su ímpetu por explorar esta admirable disciplina se encuentran Gabriel García Márquez y Octavio Paz, a quienes admira junto con sus obras.

Es una escritora amateur, muy apasionada, y optimista. Autora del libro «Covidiario» y participante en el Novelette «Letras de corazón» de Editorial Winged.

Este libro fue publicado por:

www.editorialwinged.com

Made in the USA
Middletown, DE
01 May 2022